eof

Jürgen Kross, geb. 1937 in Hirschberg/Schlesien, absolvierte eine Ausbildung zum Fernsehredakteur beim ZDF und lebt als Autor und Buchhändler in Mainz. Von seinem als Gesamtzyklus angelegten, inzwischen mehr als 20 Bände umfassenden lyrischen Werk erschienen zuletzt „Umbruch" (2014) und „Schluchten" (2016).

Jürgen Kross

inland

Gedichte

edition offenes feld

1

nur landschaft
durch
hirne erstreckt. drin ahnst du

den tod hinter bäumen. atmend
vom
himmel noch immer.

2

hell und angespannt stehen
die
bäume in der erwartung.

was aus gewittern bricht. aber
dir
leuchtend aufs antlitz.

3

aufkommt. als stürzender raum
ihm
der wind. und spaltet

vom licht ab
schon
nächst seinem schädel geäste.

4

fliehst noch.
im
atmen der apfelbäume. und

das hüllt dich ein. was duft
ist
zugleich. und süße des todes.

5

wachsen an bächen
entlang
bäume im tod von gedanken.

jenseitig
dir
geschwemmten vom licht aus.

durchfärbtes von tod.
und
übertrifft das bewusstsein. doch

ist auch ein fluss. was kräuselnd sich
biegt.
unter den weidengehölzen.

dem ein entzug.
der
starb mit den wolken. ist regen

ein helles gewässer.
das
fließt in den wald ab.

in blutes farbe.
und
weht von den bäumen. gealtert

und stumpf. vom tag
das.
vorüber am schädel.

9

flussabwärts. sich weitet
die
landschaft in dich. am

blut hin. und dennoch
mit
schilfen bewachsen.

geäst. aus nebeln
sich
spreizend. ab dort im

fließen vom hang. stehst innen
du
nächst schon dem zweifel.

sonne. und über dich
hin
ist vernichtung. senkend

durch dichte gewölke. den aus
dir
wann brennenden leib.

der nimmt sich hin.
den
schatten angetan. im hohlen raum

des atems. verstummt am widerschein
vom
gelb der linden.

13

in totenstarre. so liegt es
am
schnee. die blendung

als körper gezeichnet. das blut
nur
drauf atemlos rein.

14

nicht fliehst du
die
glasige wolke. die über das land

greift. unter sich sammelnd
von
wem auch die schatten.

ein wühlen ist windes
im
leeren. wo haftet an stämmen dir

solcher gestalt. und zwischen
dem
licht das entsetzen.

nebel. fließen hinweg
in
die kälte. sind innen

vom leuchten ein strom. windend
sich
aus den geräuschen.

hat ausgeschrieen.
sich
in die angst der. zwischen

den föhren. der hausenden
dort
auch im lichten.

ein rauschen.
durch
wessen verfluchung auch glitte

der wind. gezweige
dir
stoßend. hervor aus den ulmen.

unterm gestrüpp. sich sondert
vom
schlamm ab

der ruch dir des toten. innen
vom
stehenden rest. wassers darauf.

lautlos zöge sich zu
hinter
den eiben die luft. da schwärze

vermindert den raum.
zu
atmen vom glanz der gewitter.

sind
klüfte ihm lichtes inzwischen.
der

tritt in die stämme. vom abweg.
den
einschlag der wetter im ohr.

blitze betasten das land.
dir
unterm schädel. dem nächtens

sich haut überzieht. glitzernd
mit
regen.

spüren am tod hin
das
kalte geäder der bäume. sich

ziehen von blatt hin zu blatt.
ein
blut dir. und über das denken.

wasser. die irgend dir
hell
sind und zweifel. an toden

dem aber voraus. umschließen
den
rundschliff der kiesel.

da tod ist. am frost
hin
bewaldet. bedeckt der

die flächen mit licht. so wäre
auch
dort kein entkommen.

sich wenden vom fluss
ab.
der wuchs sich als stumm

ins gehör. vorüber getrieben
an
worten.

anders ist der verlauf. sprechens
in
bäumen. da astwerk

durchwächst klanglos
als
fremd noch die stimmen.

dir spricht er den atem
nicht
ab. entblättert der wipfel. der

durchsichtig starr
auf
resten von finsternis ruht.

seelen aber. sind
aus
den körpern gebeugte. ringsum

dir blanker gehölze.
die
stehen im wind frei.

beschreitest kein umfeld.
du
bist schon ein teil

der vernichtung. vom saugenden
an.
brandrot jenseits des waldes.

überwog's noch.
das
dumpfe schwanken der bäume. ein

grauen. bedrängend dich anders.
dort
in sich verfinsternder enge.

nächst dir. und zwischen
den
stämmen. abgeschürften

vom wind. hängt wo schon
lichts
das verhängnis.

ob seien der trockenheit schatten.
sind
äste. und ragen

vom wegrand herüber. auf
die
gebeugten. ganz in den schmerz.

haften verbliebe von stämmen
was
atmet den tod an. laub

aus der höhlung dessen.
doch
wächst noch dir zu.

in die gefüge sich denken.
sich
finden. dir winters

da hebt sich aus bäumen der
tod.
dich zwischen die helle von tagen.

tag ist. der führt
an
den bäumen entlang. durch dir

verwehungen schnees. wie
ein
in den irrgang der sinne.

entfärbt ist von schnee
und
läge als blind an der sonne.

umschließend die toten
im
kopf auch. endlos das grasland.

löchrig das eis. gefüllt ist
mit
wasser die senke. glühendes auf

durchglitten vom widerschein
ab
dir sich schwächender sonne.

wüchse zur mitte des denkens.
auch
kälte vom wasser herüber. vom

eisrand sich biegender fichten.
ein
starren ins hirn.

dem auch. der bog
ins
gestein ab. die ödnis der halden.

steht drohend bevor. das auf
sich
wo finden im abseits.

abgetötet vom schnee.
so
hängt dir im licht der kadaver.

herabgenommen noch nicht.
er
deines leibes.

abgetan ist. dem man den leib
aus
der sicht trägt nun

jener. die bleiben
um
tote versammelt.

dumpf hebt das licht an.
von
bleiernem grau. liegt um den kopf

es als hülle. entfernt
durch
die augen darin.

den finden. den man gesteinigt
vom
denken. trug aus den körpern

hinaus. geöffneten leibes.
ihn
trennend von jenen.

sich sammeln. dort solche
da
angst ist. unter in finsternis

stehenden bäumen.
der
wachsenden jener hinzu.

ausgesetzt. sich
im
kopf sein. doch ist nicht

der züchtigung ende. und atmest
von
treibender asche.

währt noch. deiner die täuschung
der
wasser. da

über sie kommt der zerfall.
so
dir entfremdeter tage.

schreiendes auf.
an
solchem wasser dahin. führt es

die körper. zwischen dort kiefern.
in
das vergebliche aber.

spült die geräusche vom kopf.
die
über ihm lasten.

aus blättern sich sondern.
der
drüber wann kommende wind.

ersteht auf den rinden.
im
schatten umgleitenden

licht. der abgleich
des
laubes mit worten.

der dunkelheit masse.
von
innen bewegts sich herüber. was

hob schon
das
licht aus den bäumen.

in bäumen. sich klammernd
an
erde. und stürzen hinweg

mit den lüften. träfe aus jenen
der
so dich erkennende zorn.

im schleier an grau vor
den
buchen. der schwingung hinweg dir

sind worte.
nicht
einverleibt wem.

was sich ihm gliedert. schilf
ins
zerfasern der worte. ist jenem

aus wassern
zum
mund nur ein wuchs.

55

in dunkelheit treibt
vor
dir her. was nicht

als tot galt gehirnen.
aus
wipfeln entgleitendes laub.

dem im bewuchs ist
und
wunde. in bränden von nesseln

der pfad. jenen erst trifft es.
das
wuchern an schmerzen darauf.

die einsamkeit aber. verborgen
in
solchem gestrüpp. am wind hin

bewegt sich. verzweigt sich
dir
hinter dem schädel.

ins so entlegne verbracht.
abwärts
von händen. bliebe

verschlossen im mund
dir
vor wem nur das klagen.

nächtens. was ein
aus
dem laub tritt. über den wegen

wird drohung.
und
augen zur last.

der zu entkommen
sich
trachtet. dennoch ins offne

hinein. richtet sein denken. auch
an
dem licht aus des waldes.

umgibt sich mit fremde
vom
tod. wald dir nach außen. da

noch bedeckt ist mit zweigen
das
klaffende unter ihm auf.

aber fiel so ins bewusstsein
regen.
der dunkelte ein. vom wind

die gebeugten. hinwärts
dir
flutenden wipfel.

63

so fügend
ein
abbild ins weite. da wasser

ist spiegel dem mond. sein fließen
geht
in dich noch über.

finsternis bräche herein.
über
den wassern. schwemmend

das land aus. was augen entwuchs
ihm
an tannen.

trübend sich licht ein.
und
zieht dir vom kopf die

gedanken. sie sondernd
vom
abglanz der neige.

eingeebnet.
nur asche bewegt noch das wissen.
hin

dir in körpern. ob auch vor ihm
leer
sei das land. und entlegen.

stoben. über den kopf
wolken
von einer finsternis dir. die

wann erstand. aus
sich
zu stoßen den himmel.

einnimmt den tag
das
ungewisse. das ganz dich

mit sonne bedeckt. und füllt
doch
den kopf auf mit schatten.

drin rufe hängen
nach
tod. in baumgruppen die. wo

unter den köpfen. hinweg doch
dir
stürbe das wort.

sind dir an toden
so
nah. zerklüftete wälder. drin

endet der wind nicht.
und
schält noch die körper.

als täte sich auf. auch erde
in
spalten zur hölle. so

zieht sich das denken hinab.
und
hebt sich aus köpfen.

flut. die über das antlitz
dir
gleitet. an trauer nicht

misst die sich aus. doch ist
von
der klarheit des schmerzes.

der im entschwinden ist
seiner.
blickt auf die klarheit der bäche.

ins über ihn fluten
herab.
anders vom regen.

aus allem lichten. tritt
in
die finsternis vor

jener zum abgleich des waldes
mit
seinen toten. atmend durchs laub.

im forst
die
ausgekühlten bäume. entlang

der kümmernis. wegen hinzu
treten
wann so dir leibhaftig.

sind die im fließen
des
windes liegenden wälder. die

wachsen dahin im gedächtnis.
endlich
dem winter auch zu.

leer ist. nicht bleibe
der
raum. gelauschter dem meer

ab. ein scheitern dir aber
liegt
grau auf den wänden.

rauschend. und über das unterholz
hin.
wetter erstreckt sich

nässenden lichtes
durch
weite. gehirne umfangend.

nieder
drückt das geäst. die peitschenden
zweige

im wind. der wem mit ruten. wortlos
auch
risse den leib auf.

dem knöchern stehn wurzeln
rundum.
ist denken im sand

ein zerfließen. kein sondern
von
stimmen daraus.

fegend hinweg. regens gebild
übers
schwemmland. aus flächen dort

hebt es sich auf. lichtes
und
flieht in die körper.

zum winter. steht ab dir
vom
schädel der wald.

belastet.
im
tod sich zu denkend.

grub sich dem ein.
was
still war. dann lag in gedanken

wie endlos. das tosen
der
wasser zutal.

ob blieb' auch das nichts
vor
dem fenster. das grauen

der finsternis nach. weißt
du
dir wachsen ins auge.

drückender last. worin
es
sich atmend bewegt. sind ihm

auf körpern die lüfte.
auch
fließend an jenen herab.

hungers
ein
feld liegt mit schnee. gebettet

dir ein in die ohnmacht. wo auch
sich
tilgender schatten.

schnee aber
hat
keine mitte. worauf von körpern

der schmerz ruht. dem der in
sich
kam schon abhanden.

dem wurzeln sich graben
durchs
fleisch. aus bäumen entwachsener

atmung. doch dringt ihm kein blut
zu.
das satt macht.

vom schnee
ist
weiß ein blattwerk. über den tod

dir gebreitet. und endlich zerfallend
was
aus den büschen sich löst.

dem winter nach. gingen
ins
nichtige ein. derer die klagen.

wo bäume noch stehen.
und
sind in das erdreich gefroren.

die eine fläche ist
und
ohne antwort. schweigsamkeit

dir. fremdem hinzu. wuchs
noch
aus mündern.

sinken aufs erdreich zurück.
und
bleiben für immer

verschwiegen. die sprachen
ins
lichte schon kaum.

als seien wem tote im kopf.
bäume
und stehen dahin.

im gleiten doch unter
den
tag dir. sich regens der lüfte.

schmerz. der sich
aus
schädeln noch hebt. wann

überwunden. und grau fließt's
von
sonne darüber.

des raumes ist
und
auch in gräser gefasst

des todes vermutung. und was
schon
dich blicklos erreicht.

der
masse an nacht indessen
entzieht's

dich. was kommt über tannen
herein.
leuchtend doch anders.

haftest dem wald an.
als
in dich gerufen ein toter. dem es

die stämme bewegt. verharrend
im
widerspruch noch.

anders zudem. als fremd.
steht
in sich dahin dir

die sonne. klein
und
verwindbar. im horizont.

bewaldet zwar. um
die
vergeblichkeit deiner. tragenden

himmels sich ab. ein gehen vorüber
ist's.
dran von gestalten.

flächig das land.
drin
stehen nach außen die bäume.

für raum ein. im wuchs
ans
vergessen von toten.

windstille endlich. und was
aus
dem ödland kam noch hinzu.

bewuchs so den tag
nur
mit kälte.

zuinnerst im zustrom
der
luft. verweht es

am mund schon die worte.
und
trennt sie von körpern auch ab.

unter den bäumen.
aus
kahlem geäst. hängen dir nach

die gedanken. aber
nicht
zugehörig.

© edition offenes feld, Dortmund 2017
www.offenesfeld.de
Coverbild: Nicole Ahland, „Rückkehr" #1 (2016, Ausschnitt)
© Nicole Ahland und VG Bild-Kunst, Bonn 20167
Satz und Layout: Studio Z16
Herstellung und Verlag:
BoD – Books on Demand, Norderstedt
ISBN 9783741282638